Konfitüren

Marmeladen & Chutneys

igloobooks.com

igloobooks.com

Igloo Books Ltd
Cottage Farm
Sywell • NN6 0BJ
www.igloobooks.com

Alle Mengenangaben sind ca.-Angaben.

Fotos und Rezepte: PhotoCuisine UK
Coverfotos © PhotoCuisine UK

Übersetzung aus dem Englischen, Redaktion und Satz:
lesezeichen Verlagsdienste, Köln

H005 0513
2 4 6 8 10 9 7 5 3 1
ISBN 978-1-78197-344-8

Gedruckt und hergestellt in China

Konfitüren
Marmeladen & Chutneys

Inhalt

Konfitüren

Aprikosenkonfitüre

ZUTATEN

1 kg frische Aprikosen, entsteint und grob gehackt
700 g Zucker
110 g gemahlene Mandeln
30 g gehobelte Mandeln

ZUBEREITUNG

Aprikosen und Zucker in einer Rührschüssel vermengen, mit Frischhaltefolie abdecken und über Nacht Saft ziehen lassen.

Mehrere Untertassen in den Gefrierschrank stellen. Sie werden später für den Geliertest benötigt.

Den Ofen auf 170 °C (150 °C Umluft) vorheizen.

Gläser und Deckel darin 10 Minuten sterilisieren.

Die Frucht-Zucker-Mischung in einem großen Topf aufkochen und 15 Minuten sprudelnd kochen, dabei gelegentlich umrühren.

Den Topf vom Herd nehmen. Einen Teelöffel der heißen Mischung auf eine der eiskalten Untertassen geben. Wenn die Konfitüre abgekühlt ist, durch leichtes Anstoßen oder Schräghalten prüfen, ob sich eine Haut gebildet hat. Wenn dem so ist, ist die Konfitüre fertig. Falls nicht: Den Topf wieder auf den Herd setzen, die Fruchtmischung einige weitere Minuten kochen und den Geliertest wiederholen.

Sobald die Konfitüre fertig ist, die gemahlenen Mandeln einrühren, dann in die Gläser füllen. Ein Blatt Wachspapier auflegen, dann fest verschließen.

In den Gläsern vollständig abkühlen lassen. Zum Verzehr nach Belieben mit Mandelblättchen bestreuen.

Ergibt zwei 500-g-Gläser | Vorbereitungszeit: 15–20 Minuten | Kochzeit: 25–30 Minuten

Ananaskonfitüre

ZUTATEN

500 g frische Ananasstücke, abgetropft
1,25 l kaltes Wasser
500 g feiner Zucker
1 TL Zitronensäure

ZUBEREITUNG

Mehrere Untertassen in den Gefrierschrank stellen. Sie werden später für den Geliertest benötigt.

Ananas und Wasser in einem großen Topf bei mittlerer Hitze aufkochen und so lange einkochen, bis noch 500 ml Wasser übrig sind.

Den Zucker zufügen und bei leicht reduzierter Hitze kochen. Dabei rühren, bis der Zucker sich aufgelöst hat. Dann die Zitronensäure zufügen und weitere 6–8 Minuten kochen.

Den Ofen auf 170 °C (150 °C Umluft) vorheizen. Gläser und Deckel darin 10 Minuten sterilisieren.

Den Topf vom Herd nehmen. Einen Teelöffel der heißen Mischung auf eine der eiskalten Untertassen geben. Wenn die Konfitüre abgekühlt ist, durch leichtes Anstoßen oder Schräghalten prüfen, ob sich eine Haut gebildet hat. Wenn dem so ist, ist die Konfitüre fertig. Falls nicht: Den Topf wieder auf den Herd setzen, die Fruchtmischung einige weitere Minuten kochen und den Geliertest wiederholen.

Sobald die Konfitüre fertig ist, den Topf vom Herd nehmen, die Konfitüre in die Gläser füllen, ein Blatt Wachspapier auflegen, dann fest verschließen.

Die Konfitüre bei Zimmertemperatur abkühlen lassen.

Ergibt zwei 500-g-Gläser | Vorbereitungszeit: 10 Minuten | Kochzeit: 35–40 Minuten

Feigenkonfitüre

ZUTATEN

500 g blaue Feigen, geviertelt
250 ml Wasser
250 g feinster Zucker
250 g Honig
2 EL Butter

ZUBEREITUNG

Den Ofen auf 170 °C (150 °C Umluft) vorheizen. Glas und Deckel darin 10 Minuten sterilisieren.

Mehrere Untertassen in den Gefrierschrank stellen. Sie werden später für den Geliertest benötigt.

Feigen und Wasser in einem Topf bei mittlerer Hitze kochen, bis die Früchte weich sind.

Dann Zucker und Honig zufügen und gut verrühren, dabei die Topfränder immer wieder freischaben.

Die Hitze reduzieren und alles 10–15 Minuten köcheln lassen, bis der Zucker aufgelöst ist; gelegentlich umrühren.

Wenn der Zucker sich aufgelöst hat, weitere 10 Minuten sprudelnd kochen.

Den Topf vom Herd nehmen. Einen Teelöffel der heißen Mischung auf eine der eiskalten Untertassen geben. Wenn die Konfitüre abgekühlt ist, durch leichtes Anstoßen oder Schräghalten prüfen, ob sich eine Haut gebildet hat. Wenn dem so ist, ist die Konfitüre fertig. Falls nicht: Den Topf wieder auf den Herd setzen, die Fruchtmischung einige weitere Minuten kochen und den Geliertest wiederholen.

Sobald die Fruchtmasse geliert, die Butter einrühren, bis sie geschmolzen ist.

Die Konfitüre in das Glas füllen, ein Blatt Wachspapier auflegen, dann fest verschließen.

Die Konfitüre bei Zimmertemperatur abkühlen lassen.

Ergibt ein 500-g-Glas | Vorbereitungszeit: 10 Minuten | Kochzeit: 30–35 Minuten

Rhabarber-Orangen-Konfitüre

ZUTATEN

Saft von 4 Orangen
450 g Zucker
750 ml kaltes Wasser
2 Stangen Rhabarber, geschält und in Stücke geschnitten
2 Orangen, geschält, filetiert, klein geschnitten
6 Blatt Gelatine

ZUBEREITUNG

Orangensaft, Zucker und Wasser in einem großen Topf verrühren.

Auf mittlerer Stufe erhitzen, bis der Zucker sich aufgelöst hat. Rhabarber- und Orangenstücke zufügen und 10–12 Minuten köcheln lassen, bis die Früchte weich sind.

Die Gelatine nach Packungsanleitung in kaltem Wasser einweichen.

Die Fruchtmischung vom Herd nehmen und die ausgedrückte Gelatine darin unter Rühren auflösen.

Den Ofen auf 170 °C (150 °C Umluft) vorheizen. Gläser und Deckel darin 10 Minuten sterilisieren.

Die Konfitüre in die Gläser füllen, ein Blatt Wachspapier auflegen, dann fest verschließen.

Die Konfitüre bei Zimmertemperatur abkühlen lassen, dann über Nacht im Kühlschrank gelieren lassen.

Ergibt zwei 500-g-Gläser | Vorbereitungszeit: 15 Minuten | Kochzeit: 25–30 Minuten

Pfirsich-Rosinen-Konfitüre

ZUTATEN

100 ml Branntweinessig
110 g feinster Zucker
1 TL ganze Gewürznelken
1 Zimtstange
1/4 TL gemahlene Nelken
1/4 TL gemahlener Zimt
4 große, vollreife Pfirsiche, entsteint und gewürfelt
100 g Rosinen

ZUBEREITUNG

Essig, Zucker und alle Gewürze in einem großen Topf auf mittlerer Stufe erhitzen, bis der Zucker sich aufgelöst hat.

Pfirsiche zufügen und umrühren.

Die Mischung 40–45 Minuten köcheln lassen, dabei gelegentlich rühren, bis ein dicker Fruchtbrei entstanden ist. Die Rosinen zufügen und gründlich unterrühren.

Den Ofen auf 170 °C (150 °C Umluft) vorheizen. Glas und Deckel darin 10 Minuten sterilisieren.

Die Konfitüre in das Glas füllen, dabei Zimtstange und ganze Nelken entfernen. Mit Wachspapier abdecken und das Glas fest verschließen. Auf Raumtemperatur abkühlen lassen.

Ergibt ein 500-g-Glas | Vorbereitungszeit: 15 Minuten | Kochzeit: 45–50 Minuten

Vierfruchtkonfitüre

ZUTATEN

250 g Erdbeeren, grob zerkleinert
250 g Himbeeren
250 g rote Johannisbeeren
250 g frische Cranberrys, ersatzweise Heidelbeeren
550 ml Wasser
900 g Zucker
1 EL Butter

ZUBEREITUNG

Den Ofen auf 170 °C (150 °C Umluft) vorheizen. Gläser und Deckel darin 10 Minuten sterilisieren.

Mehrere Untertassen in den Gefrierschrank stellen. Sie werden später für den Geliertest benötigt.

Alle Früchte und das Wasser bei mittlerer Hitze in einem großen Topf kochen, bis die Früchte weich sind. Gelegentlich umrühren.

Den Zucker gründlich einrühren, dabei den Topfrand immer wieder freischaben.

Die Hitze reduzieren und 10–15 Minuten köcheln lassen, bis der Zucker sich aufgelöst hat. Die Mischung weitere 10 Minuten sprudelnd kochen.

Den Topf vom Herd nehmen. Einen Teelöffel der heißen Mischung auf eine der eiskalten Untertassen geben. Wenn die Konfitüre abgekühlt ist, durch leichtes Anstoßen oder Schräghalten prüfen, ob sich eine Haut gebildet hat. Wenn dem so ist, ist die Konfitüre fertig. Falls nicht: Den Topf wieder auf den Herd setzen, die Fruchtmischung einige weitere Minuten kochen und den Geliertest wiederholen.

Ist die Mischung geliert, die Butter zugeben; weiterrühren, bis sie geschmolzen ist. Die Konfitüre in die Gläser füllen, mit Wachspapier belegen und fest verschließen. Auf Raumtemperatur abkühlen lassen.

Ergibt zwei bis drei 500-g-Gläser | Vorbereitungszeit: 10 Minuten | Kochzeit: 30–35 Minuten

Birnenkonfitüre mit Cidre

ZUTATEN

1 kg Birnen, geschält und gewürfelt
300 ml Birnenmost
300 ml Cidre
1 Vanillestange, aufgeschlitzt, Mark herausgekratzt
250 g feinster Zucker
1 EL Butter

ZUBEREITUNG

Den Ofen auf 170 °C (150 °C Umluft) vorheizen. Die Gläser darin 10 Minuten sterilisieren.

Mehrere Untertassen in den Gefrierschrank stellen. Sie werden später für den Geliertest benötigt.

Die Birnen, Most, Cidre und Vanillemark in einem großen Topf bei mittlerer Hitze aufkochen.

Die Hitze reduzieren und 8–10 Minuten köcheln lassen, bis die Birnen so weich sind, dass sie sich mit dem Rücken eines Holzlöffels zerdrücken lassen, und die Flüssigkeit etwa auf die Hälfte eingekocht ist.

Den Zucker zufügen und die Masse mit einem Pürierstab zerkleinern. Nach Belieben stückig belassen oder vollständig pürieren.

Weitere 5–10 Minuten köcheln lassen, bis der Zucker vollständig aufgelöst ist. Die Hitze so weit reduzieren, dass die Mischung gerade eben noch kocht. 10 Minuten ziehen lassen, dabei gelegentlich umrühren.

Den Topf vom Herd nehmen. Einen Teelöffel der heißen Mischung auf eine der eiskalten Untertassen geben. Wenn die Konfitüre abgekühlt ist, durch leichtes Anstoßen oder Schräghalten prüfen, ob sich eine Haut gebildet hat. Wenn dem so ist, ist die Konfitüre fertig. Falls nicht: Den Topf wieder auf den Herd setzen, die Fruchtmischung einige weitere Minuten kochen und den Geliertest wiederholen.

Ist die Mischung geliert, die Butter zugeben; weiterrühren, bis sie geschmolzen ist.

Die Konfitüre in die Gläser füllen, mit Wachspapier belegen. Die Gläser mit Stoff abdecken und mit Kordel fest verschließen.

Auf Raumtemperatur abkühlen lassen.

Ergibt zwei 500-g-Gläser | Vorbereitungszeit: 15 Minuten | Kochzeit: 40–45 Minuten

Himbeerkonfitüre

ZUTATEN

900 g Himbeeren
550 ml Wasser
1 kg Zucker
1 EL Butter

ZUBEREITUNG

Den Ofen auf 170 °C (150 °C Umluft) vorheizen. Gläser und Deckel darin 10 Minuten sterilisieren.

Mehrere Untertassen in den Gefrierschrank stellen. Sie werden später für den Geliertest benötigt.

Die Himbeeren mit dem Wasser in einem großen Topf bei mittlerer Hitze kochen, bis die Früchte weich sind.

Den Zucker einrühren, dabei den Topfrand freischaben.

Die Hitze reduzieren und die Früchte 10–15 Minuten köcheln lassen, bis der Zucker sich vollständig aufgelöst hat. Gelegentlich umrühren. Dann weitere 10 Minuten bei starker Hitze sprudelnd kochen.

Den Topf vom Herd nehmen. Einen Teelöffel der heißen Mischung auf eine der eiskalten Untertassen geben. Wenn die Konfitüre abgekühlt ist, durch leichtes Anstoßen oder Schräghalten prüfen, ob sich eine Haut gebildet hat. Wenn dem so ist, ist die Konfitüre fertig. Falls nicht: Den Topf wieder auf den Herd setzen, die Fruchtmischung einige weitere Minuten kochen und den Geliertest wiederholen.

Ist die Mischung geliert, die Butter zugeben; weiterrühren, bis sie geschmolzen ist.

Die Konfitüre in die Gläser füllen, mit Wachspapier belegen und fest verschließen. Auf Raumtemperatur abkühlen lassen.

Ergibt zwei 500-g-Gläser | Vorbereitungszeit: 10 Minuten | Kochzeit: 30–35 Minuten

Johannisbeerkonfitüre

ZUTATEN

450 g rote Johannisbeeren
450 g Zucker

ZUBEREITUNG

Die Johannisbeeren in einem großen Topf bei mittlerer Hitze 8–10 Minuten kochen. Dabei ständig rühren und die Früchte zerdrücken, sobald sie weich werden.

Wenn alle Beeren geplatzt sind, die Hitze verstärken und 5 Minuten kochen. Den Zucker einrühren und gut vermengen.

Die Hitze noch einmal verstärken und 6 Minuten sprudelnd kochen.

Die Mischung durch ein Sieb oder ein Käseleinen passieren. In einer Schüssel auffangen. Gut abtropfen lassen.

Derweil ein Glas mit Deckel im auf 170 °C (150 °C Umluft) vorgeheizten Ofen 10 Minuten sterilisieren.

Die Johannisbeermasse in das Glas füllen. Sofort mit Wachspapier belegen und das Glas dicht verschließen.

Auf Raumtemperatur abkühlen lassen, dann gekühlt lagern oder sofort verzehren.

Ergibt ein 500-g-Glas | Vorbereitungszeit: 5 Minuten | Kochzeit: 25–30 Minuten

Blaubeerkonfitüre

ZUTATEN

450 g Blaubeeren
250 ml Wasser
500 g Zucker
1 EL Butter

ZUBEREITUNG

Den Ofen auf 170 °C (150 °C Umluft) vorheizen. Glas und Deckel darin 10 Minuten sterilisieren.

Mehrere Untertassen in den Gefrierschrank stellen. Sie werden später für den Geliertest benötigt.

Blaubeeren und Wasser in einem großen Topf bei mittlerer Hitze kochen, bis die Früchte weich sind.

Den Zucker gründlich einrühren und den Topfrand freischaben.

Die Hitze reduzieren und die Mischung unter gelegentlichem Rühren 8–10 Minuten köcheln lassen, bis der Zucker sich vollständig aufgelöst hat.

Die Hitze verstärken und alles 7 Minuten sprudelnd kochen.

Den Topf vom Herd nehmen. Einen Teelöffel der heißen Mischung auf eine der eiskalten Untertassen geben. Wenn die Konfitüre abgekühlt ist, durch leichtes Anstoßen oder Schräghalten prüfen, ob sich eine Haut gebildet hat. Wenn dem so ist, ist die Konfitüre fertig. Falls nicht: Den Topf wieder auf den Herd setzen, die Fruchtmischung einige weitere Minuten kochen und den Geliertest wiederholen.

Ist die Mischung geliert, die Butter zugeben; weiterrühren, bis sie geschmolzen ist.

Die Konfitüre in das Glas füllen, mit Wachspapier belegen und fest verschließen. Auf Raumtemperatur abkühlen lassen.

Ergibt ein 500-g-Glas | Vorbereitungszeit: 5 Minuten | Kochzeit: 25–30 Minuten

Brombeerkonfitüre

ZUTATEN

900 g Brombeeren
550 ml Wasser
1 kg Zucker
1 EL Butter

ZUBEREITUNG

Den Ofen auf 170 °C (150 °C Umluft) vorheizen. Gläser und Deckel darin 10 Minuten sterilisieren.

Mehrere Untertassen in den Gefrierschrank stellen. Sie werden später für den Geliertest benötigt.

Die Brombeeren mit dem Wasser in einem großen Topf bei mittlerer Hitze aufkochen und offen garen, bis die Früchte weich sind, dabei gelegentlich umrühren.

Den Zucker gründlich einrühren und den Topfrand freischaben.

Die Hitze reduzieren und die Mischung unter gelegentlichem Rühren 10–15 Minuten köcheln lassen, bis der Zucker sich vollständig aufgelöst hat.

Die Hitze verstärken und alles 10 Minuten sprudelnd kochen.

Den Topf vom Herd nehmen. Einen Teelöffel der heißen Mischung auf eine der eiskalten Untertassen geben. Wenn die Konfitüre abgekühlt ist, durch leichtes Anstoßen oder Schräghalten prüfen, ob sich eine Haut gebildet hat. Wenn dem so ist, ist die Konfitüre fertig. Falls nicht: Den Topf wieder auf den Herd setzen, die Fruchtmischung einige weitere Minuten kochen und den Geliertest wiederholen.

Ist die Mischung geliert, die Butter zugeben; weiterrühren, bis sie geschmolzen ist.

Die Konfitüre in die Gläser füllen, mit Wachspapier belegen und fest verschließen. Auf Raumtemperatur abkühlen lassen.

Ergibt zwei 500-g-Gläser | Vorbereitungszeit: 10 Minuten | Kochzeit: 30–35 Minuten

Rhabarberkonfitüre

ZUTATEN

900 g Rhabarber, geschält und in Stücke geschnitten
1/2 TL gemahlener Ingwer oder 1 EL frisch geriebener Ingwer
Saft von 1 Orange
550 ml Wasser
1 kg Zucker
1 EL Butter

ZUBEREITUNG

Den Ofen auf 170 °C (150 °C Umluft) vorheizen. Gläser und Deckel darin 10 Minuten sterilisieren.

Mehrere Untertassen in den Gefrierschrank stellen. Sie werden später für den Geliertest benötigt.

Rhabarber, Ingwer, Orangensaft und Wasser in einem großen Topf bei mittlerer Hitze aufkochen und garen, bis der Rhabarber weich ist, dabei gelegentlich umrühren.

Den Zucker gründlich einrühren und den Topfrand freischaben.

Die Hitze reduzieren und die Mischung unter gelegentlichem Rühren 10–15 Minuten köcheln lassen, bis der Zucker sich vollständig aufgelöst hat.

Die Hitze verstärken und alles 10 Minuten sprudelnd kochen.

Den Topf vom Herd nehmen. Einen Teelöffel der heißen Mischung auf eine der eiskalten Untertassen geben. Wenn die Konfitüre abgekühlt ist, durch leichtes Anstoßen oder Schräghalten prüfen, ob sich eine Haut gebildet hat. Wenn dem so ist, ist die Konfitüre fertig. Falls nicht: Den Topf wieder auf den Herd setzen, die Fruchtmischung einige weitere Minuten kochen und den Geliertest wiederholen.

Ist die Mischung geliert, die Butter zugeben; weiterrühren, bis sie geschmolzen ist.

Die Konfitüre in die Gläser füllen, mit Wachspapier belegen und fest verschließen. Auf Raumtemperatur abkühlen lassen.

Ergibt zwei 500-g-Gläser | Vorbereitungszeit: 10 Minuten | Kochzeit: 30–35 Minuten

Aprikosen-Haselnuss-Konfitüre

ZUTATEN

1 kg Aprikosen, entsteint und grob zerkleinert
700 g Zucker
250 g blanchierte Haselnüsse, fein gehackt

ZUBEREITUNG

Aprikosen und Zucker in einer Rührschüssel vermengen, abdecken und über Nacht Saft ziehen lassen.

Den Ofen auf 170 °C (150 °C Umluft) vorheizen. Gläser und Deckel darin 10 Minuten sterilisieren.

Mehrere Untertassen in den Gefrierschrank stellen. Sie werden später für den Geliertest benötigt.

Die Aprikosen-Zucker-Mischung in einem großen Topf bei starker Hitze 15 Minuten kochen, dabei gelegentlich umrühren.

Den Topf vom Herd nehmen. Einen Teelöffel der heißen Mischung auf eine der eiskalten Untertassen geben. Wenn die Konfitüre abgekühlt ist, durch leichtes Anstoßen oder Schräghalten prüfen, ob sich eine Haut gebildet hat. Wenn dem so ist, ist die Konfitüre fertig. Falls nicht: Den Topf wieder auf den Herd setzen, die Fruchtmischung einige weitere Minuten kochen und den Geliertest wiederholen.

Zwei Gläser etwa zur Hälfte mit der Konfitüre füllen. Die Hälfte der Haselnüsse in einer ebenen Fläche auf beide Gläser verteilen. Die übrige Konfitüre einfüllen und noch zwei Lagen Haselnüsse einstreuen.

Mit Wachspapier belegen und die Gläser dicht verschließen.

Auf Raumtemperatur abkühlen lassen.

Ergibt zwei 500-g-Gläser | Vorbereitungszeit: 15–20 Minuten | Kochzeit: 25–30 Minuten

Löwenzahn-Ringelblumen-Konfitüre

ZUTATEN

6 große, unbehandelte Orangen
1 kleine Handvoll Löwenzahnblüten
1 kleine Handvoll Ringelblumenblüten
225 g klarer Honig
225 g Zucker

ZUBEREITUNG

Mit dem Zestenreißer die Schale von 3 Orangen abziehen und beiseitestellen.

Alle Orangen halbieren und auspressen. Den Saft in einem Messbecher auffangen. Fruchtfleisch und Kerne in ein Musselinsäckchen füllen und ebenfalls beiseitestellen.

Den Saft mit Wasser auf 1,7 Liter auffüllen. Die Zesten zufügen und abgedeckt über Nacht stehen lassen.

Am nächsten Tag den Saft und das Musselinsäckchen in einen großen Topf geben und bei mittlerer Hitze 25–30 Minuten kochen, bis die Zesten weich sind.

Den Ofen auf 170 °C (150 °C Umluft) vorheizen. Gläser und Deckel darin 10 Minuten sterilisieren.

Mehrere Untertassen in den Gefrierschrank stellen. Sie werden später für den Geliertest benötigt.

Das Musselinsäckchen aus dem Sud nehmen und etwas abkühlen lassen.

Honig und Zucker zum Orangensaft geben und unterrühren. Das Musselinsäckchen über dem Topf fest ausdrücken.

Die Konfitüre 10 Minuten kochen, dann den Topf vom Herd nehmen. Einen Teelöffel der heißen Mischung auf eine der eiskalten Untertassen geben. Wenn die Konfitüre abgekühlt ist, durch leichtes Anstoßen oder Schräghalten prüfen, ob sich eine Haut gebildet hat. Wenn dem so ist, ist die Konfitüre fertig. Falls nicht: Den Topf wieder auf den Herd setzen, die Fruchtmischung einige weitere Minuten kochen und den Geliertest wiederholen.

Zum Schluss den Topf vom Herd nehmen und die Blütenblätter einrühren.

In die sterilisierten Gläser füllen und dicht verschließen.

Bei Raumtemperatur abkühlen lassen.

Ergibt zwei 500-g-Gläser | Vorbereitungszeit: 15 Minuten | Kochzeit: 60 Minuten

Holunder-Zwetschgen-Konfitüre

ZUTATEN

250 g Holunderbeeren
6 Zwetschgen
250 ml Wasser
450 g Zucker
1 EL Butter

ZUBEREITUNG

Den Ofen auf 170 °C (150 °C Umluft) vorheizen. Glas und Deckel darin 10 Minuten sterilisieren.

Mehrere Untertassen in den Gefrierschrank stellen. Sie werden später für den Geliertest benötigt.

Holunder, Zwetschgen und Wasser in einem großen Topf bei mittlerer Hitze kochen, bis die Früchte weich sind, dabei gelegentlich umrühren.

Den Zucker gründlich einrühren und den Topfrand freischaben.

Die Hitze reduzieren und die Mischung unter gelegentlichem Rühren 10–15 Minuten köcheln lassen, bis der Zucker sich vollständig aufgelöst hat.

Die Hitze verstärken und alles 10 Minuten sprudelnd kochen.

Den Topf vom Herd nehmen. Einen Teelöffel der heißen Mischung auf eine der eiskalten Untertassen geben. Wenn die Konfitüre abgekühlt ist, durch leichtes Anstoßen oder Schräghalten prüfen, ob sich eine Haut gebildet hat. Wenn dem so ist, ist die Konfitüre fertig. Falls nicht: Den Topf wieder auf den Herd setzen, die Fruchtmischung einige weitere Minuten kochen und den Geliertest wiederholen.

Ist die Mischung geliert, die Butter zugeben; weiterrühren, bis sie geschmolzen ist.

Die Konfitüre in das Glas füllen, mit Wachspapier belegen und fest verschließen. Auf Raumtemperatur abkühlen lassen.

Ergibt ein 500-g-Glas | Vorbereitungszeit: 15 Minuten | Kochzeit: 30–35 Minuten

Himbeer-Pfirsich-Konfitüre

ZUTATEN

450 g Himbeeren
1 TL rote Lebensmittelfarbe mit natürlichem Farbstoff
550 ml Wasser
900 g Zucker
900 g Pfirsiche, entsteint und in Stücke geschnitten
1 EL Butter

ZUBEREITUNG

Den Ofen auf 170 °C (150 °C Umluft) vorheizen. Gläser und Deckel darin 10 Minuten sterilisieren.

Mehrere Untertassen in den Gefrierschrank stellen. Sie werden später für den Geliertest benötigt.

Himbeeren, Lebensmittelfarbe und Wasser in einem großen Topf bei mittlerer Hitze kochen, bis die Himbeeren weich sind.

Zucker und Pfirsiche einrühren und den Topfrand freischaben.

Die Hitze reduzieren und die Mischung unter gelegentlichem Rühren 10–15 Minuten köcheln lassen, bis der Zucker sich vollständig aufgelöst hat.

Die Hitze verstärken und alles 10 Minuten sprudelnd kochen.

Den Topf vom Herd nehmen. Einen Teelöffel der heißen Mischung auf eine der eiskalten Untertassen geben. Wenn die Konfitüre abgekühlt ist, durch leichtes Anstoßen oder Schräghalten prüfen, ob sich eine Haut gebildet hat. Wenn dem so ist, ist die Konfitüre fertig. Falls nicht: Den Topf wieder auf den Herd setzen, die Fruchtmischung einige weitere Minuten kochen und den Geliertest wiederholen.

Ist die Mischung geliert, die Butter zugeben; weiterrühren, bis sie geschmolzen ist.

Die Konfitüre in die Gläser füllen, mit Wachspapier belegen und fest verschließen. Auf Raumtemperatur abkühlen lassen.

Ergibt drei 500-g-Gläser | Vorbereitungszeit: 10–15 Minuten | Kochzeit: 35–40 Minuten

Ingwer-Honig-Konfitüre

ZUTATEN

6 große rosa Grapefruits,
  3 im Ganzen und 3 halbiert
2 große Orangen, halbiert
150 g frischer Ingwer, geschält
  und fein gerieben
450 g Zucker
450 g klarer Honig

ZUBEREITUNG

Mit einem Zestenreißer die Schale von 3 Grapefruits entfernen; die Zesten beiseitestellen.

Alle Grapefruits und Orangen auspressen und den Saft in einen Messbecher gießen. Fruchtfleisch und Kerne in ein Musselinsäckchen füllen.

Den Saft mit Wasser auf 3,4 Liter auffüllen und mit dem Musselinsäckchen, den Zesten und dem Ingwer abgedeckt über Nacht stehen lassen.

Am nächsten Tag diese Mischung in einem großen Topf 40–45 Minuten offen kochen, bis die Zesten weich sind.

Den Ofen auf 170 °C (150 °C Umluft) vorheizen. Gläser und Deckel darin 10 Minuten sterilisieren.

Mehrere Untertassen in den Gefrierschrank stellen. Sie werden später für den Geliertest benötigt.

Das Musselinsäckchen aus dem Topf nehmen und etwas abkühlen lassen.

Zucker und Honig unter die Saftmischung rühren, dann das Musselinsäckchen über dem Topf gut ausdrücken und alles 15 Minuten kochen.

Den Topf vom Herd nehmen. Einen Teelöffel der heißen Mischung auf eine der eiskalten Untertassen geben. Wenn die Konfitüre abgekühlt ist, durch leichtes Anstoßen oder Schräghalten prüfen, ob sich eine Haut gebildet hat. Wenn dem so ist, ist die Konfitüre fertig. Falls nicht: Den Topf wieder auf den Herd setzen, die Fruchtmischung einige weitere Minuten kochen und den Geliertest wiederholen.

Die Konfitüre in die Gläser füllen, mit Wachspapier belegen und fest verschließen. Auf Raumtemperatur abkühlen lassen.

Ergibt vier 500-g-Gläser | Vorbereitungszeit: 15–20 Minuten | Kochzeit: 70 Minuten

Lemon Curd

ZUTATEN

250 g feinster Zucker
30 g Speisestärke
125 ml frisch gepresster Zitronensaft
125 ml frisch gepresster Limettensaft
150 ml Wasser
175 g Butter, in Stücke geschnitten
6 Eigelb
2 Eier (Größe M)

ZUBEREITUNG

Den Ofen auf 170 °C (150 °C Umluft) vorheizen. Gläser und Deckel darin 10 Minuten sterilisieren.

Zucker und Speisestärke in einem Topf vermengen. Den Zitrussaft in einem dünnen Strahl dazugießen, dabei ständig rühren. Danach das Wasser einrühren.

Bei mittlerer Hitze unter Rühren kochen, bis die Mischung eindickt.

Sobald die Mischung Blasen wirft, den Topf vom Herd nehmen und die Butter Stück für Stück einrühren.

Eigelb und Eier zunächst in einer Rührschüssel schaumig schlagen, dann unter die Zitrusmasse rühren.

Wieder auf den Herd stellen und weitere 4–6 Minuten kochen, bis die Mischung zäh vom Löffel tropft.

Die sterilisierten Gläser befüllen und dicht verschließen. Auf Raumtemperatur abkühlen lassen, dann im Kühlschrank lagern und bald verwenden.

Ergibt ein bis zwei 500-g-Gläser | Vorbereitungszeit: 10–15 Minuten | Kochzeit: 15–20 Minuten

Wildfruchtkonfitüre

ZUTATEN

450 g Äpfel, geschält, Kerngehäuse entfernt und in kleine Würfel geschnitten
200 g Brombeeren
150 g Waldbeeren
100 g rote Johannisbeeren
550 ml Wasser
650 g feinster Zucker
1 EL Butter

ZUBEREITUNG

Den Ofen auf 170 °C (150 °C Umluft) vorheizen. Gläser und Deckel darin 10 Minuten sterilisieren.

Mehrere Untertassen in den Gefrierschrank stellen. Sie werden später für den Geliertest benötigt.

Die Äpfel und alle Beeren mit dem Wasser in einem großen Topf bei mittlerer Hitze kochen, bis die Früchte weich sind. Dabei gelegentlich rühren.

Den Zucker gründlich einrühren und den Topfrand freischaben.

Die Hitze reduzieren und die Mischung unter gelegentlichem Rühren 10 Minuten köcheln lassen, bis der Zucker sich vollständig aufgelöst hat.

Die Hitze verstärken und alles 10 Minuten sprudelnd kochen, dabei die Beeren zerdrücken, die noch nicht aufgeplatzt sind.

Den Topf vom Herd nehmen. Einen Teelöffel der heißen Mischung auf eine der eiskalten Untertassen geben. Wenn die Konfitüre abgekühlt ist, durch leichtes Anstoßen oder Schräghalten prüfen, ob sich eine Haut gebildet hat. Wenn dem so ist, ist die Konfitüre fertig. Falls nicht: Den Topf wieder auf den Herd setzen, die Fruchtmischung einige weitere Minuten kochen und den Geliertest wiederholen.

Ist die Mischung geliert, die Butter zugeben; weiterrühren, bis sie geschmolzen ist.

Die Konfitüre in die Gläser füllen, mit Wachspapier belegen und fest verschließen. Auf Raumtemperatur abkühlen lassen.

Ergibt zwei 500-g-Gläser | Vorbereitungszeit: 15 Minuten | Kochzeit: 35–45 Minuten

Beeren-Duo

ZUTATEN

450 g schwarze Johannisbeeren
450 g Himbeeren
550 ml Wasser
1 kg Zucker
1 EL Butter

ZUBEREITUNG

Den Ofen auf 170 °C (150 °C Umluft) vorheizen. Gläser und Deckel darin 10 Minuten sterilisieren.

Mehrere Untertassen in den Gefrierschrank stellen. Sie werden später für den Geliertest benötigt.

Obst und Wasser in einem großen Topf bei mittlerer Hitze kochen, bis die Früchte weich sind. Dabei gelegentlich rühren.

Den Zucker gründlich einrühren und den Topfrand freischaben.

Die Hitze reduzieren und die Mischung unter gelegentlichem Rühren 10–15 Minuten köcheln lassen, bis der Zucker sich vollständig aufgelöst hat.

Die Hitze verstärken und alles 10 Minuten sprudelnd kochen, dabei die Beeren zerdrücken, die noch nicht aufgeplatzt sind.

Den Topf vom Herd nehmen. Einen Teelöffel der heißen Mischung auf eine der eiskalten Untertassen geben. Wenn die Konfitüre abgekühlt ist, durch leichtes Anstoßen oder Schräghalten prüfen, ob sich eine Haut gebildet hat. Wenn dem so ist, ist die Konfitüre fertig. Falls nicht: Den Topf wieder auf den Herd setzen, die Fruchtmischung einige weitere Minuten kochen und den Geliertest wiederholen.

Ist die Mischung geliert, die Butter zugeben; weiterrühren, bis sie geschmolzen ist.

Die Konfitüre in die Gläser füllen, mit Wachspapier belegen und fest verschließen. Auf Raumtemperatur abkühlen lassen.

Ergibt zwei 500-g-Gläser | Vorbereitungszeit: 10 Minuten | Kochzeit: 30–35 Minuten

Aprikosen-Birnen-Konfitüre

ZUTATEN

500 g vollreife Aprikosen, entsteint und in Stücke geschnitten
500 g Birnen, geschält, ohne Kerngehäuse und in Stücke geschnitten
700 g Zucker
1 EL Butter

ZUBEREITUNG

Obst und Zucker in einer Rührschüssel vermengen und abgedeckt über Nacht Saft ziehen lassen.

Den Ofen auf 170 °C (150 °C Umluft) vorheizen. Gläser und Deckel darin 10 Minuten sterilisieren.

Mehrere Untertassen in den Gefrierschrank stellen. Sie werden später für den Geliertest benötigt.

Die Obst-Zucker-Mischung bei starker Hitze 15 Minuten sprudelnd kochen, dabei gelegentlich umrühren.

Den Topf vom Herd nehmen. Einen Teelöffel der heißen Mischung auf eine der eiskalten Untertassen geben. Wenn die Konfitüre abgekühlt ist, durch leichtes Anstoßen oder Schräghalten prüfen, ob sich eine Haut gebildet hat. Wenn dem so ist, ist die Konfitüre fertig. Falls nicht: Den Topf wieder auf den Herd setzen, die Fruchtmischung einige weitere Minuten kochen und den Geliertest wiederholen.

Ist die Mischung geliert, die Butter zugeben; weiterrühren, bis sie geschmolzen ist.

Die Konfitüre in die Gläser füllen, mit Wachspapier belegen und fest verschließen. Auf Raumtemperatur abkühlen lassen.

Ergibt zwei 500-g-Gläser | Vorbereitungszeit: 15–20 Minuten | Kochzeit: 20–25 Minuten

Maronencreme

ZUTATEN

450 g Maronen, geschält, gekocht und fein gehackt
1 Tütchen Vanillezucker
550 ml Vollmilch
100 g gesüßtes Maronenpüree

ZUBEREITUNG

Den Ofen auf 170 °C (150 °C Umluft) vorheizen. Gläser und Deckel darin 10 Minuten sterilisieren.

Die gekochten Maronen und den Vanillezucker in einen Topf geben und mit der Milch übergießen. Bei mittlerer Hitze 10 Minuten köcheln lassen, dann durch ein Sieb abgießen (Milch auffangen) und die Maronenstückchen in die Küchenmaschine geben.

Das Maronenpüree zugeben und so viel von der Milch, dass sich beim Pürieren eine streichfähige Creme ergibt.

Die fertige Creme in die sterilisierten Gläser füllen und dicht verschließen.

Auf Raumtemperatur abkühlen lassen.

Ergibt ein bis zwei 500-g-Gläser | Vorbereitungszeit: 10 Minuten | Kochzeit: 15–20 Minuten

Cranberrykonfitüre

ZUTATEN

250 ml Wasser
450 g frische Cranberrys
225 g Zucker
Saft von 1 Zitrone

ZUBEREITUNG

Alle Zutaten in einen großen Topf geben und bei mittlerer Hitze kochen, bis der Zucker sich aufgelöst hat und die Beeren weich sind.

Bei starker Hitze sprudelnd auf die Hälfte der Gesamtmenge einkochen.

Vom Herd nehmen und beiseitestellen.

Den Ofen auf 170 °C (150 °C Umluft) vorheizen. Glas und Deckel darin 10 Minuten sterilisieren.

Die Konfitüre einfüllen und das Glas dicht verschließen.

Auf Raumtemperatur abkühlen lassen und im Kühlschrank lagern.

Ergibt ein 500-g-Glas | Vorbereitungszeit: 5 Minuten | Kochzeit: 25–30 Minuten

Kirsch-Orangen-Konfitüre

ZUTATEN

900 g Kirschen, entsteint
Saft von 2 großen Orangen
400 ml Wasser
1 kg Zucker
1 EL Butter

ZUBEREITUNG

Den Ofen auf 170 °C (150 °C Umluft) vorheizen. Gläser und Deckel darin 10 Minuten sterilisieren.

Mehrere Untertassen in den Gefrierschrank stellen. Sie werden später für den Geliertest benötigt.

Kirschen, Orangensaft und Wasser in einem großen Topf bei mittlerer Hitze kochen, bis die Früchte weich sind. Dabei gelegentlich rühren.

Den Zucker gründlich einrühren und den Topfrand freischaben.

Die Hitze reduzieren und die Mischung unter gelegentlichem Rühren 10–15 Minuten köcheln lassen, bis der Zucker sich vollständig aufgelöst hat.

Die Hitze verstärken und alles 10 Minuten sprudelnd kochen.

Den Topf vom Herd nehmen. Einen Teelöffel der heißen Mischung auf eine der eiskalten Untertassen geben. Wenn die Konfitüre abgekühlt ist, durch leichtes Anstoßen oder Schräghalten prüfen, ob sich eine Haut gebildet hat. Wenn dem so ist, ist die Konfitüre fertig. Falls nicht: Den Topf wieder auf den Herd setzen, die Fruchtmischung einige weitere Minuten kochen und den Geliertest wiederholen.

Ist die Mischung geliert, die Butter zugeben; weiterrühren, bis sie geschmolzen ist.

Die Konfitüre in die Gläser füllen, mit Wachspapier belegen und fest verschließen. Auf Raumtemperatur abkühlen lassen.

Ergibt zwei 500-g-Gläser | Vorbereitungszeit: 15–20 Minuten | Kochzeit: 30–35 Minuten

Bananenaufstrich

ZUTATEN

500 g hellbrauner Zucker
1 Tütchen Vanillezucker
Saft von 2 Limetten
1 TL gemahlener Zimt
300 ml Wasser
900 g Bananen, zerdrückt

ZUBEREITUNG

Zucker, Vanillezucker, Limettensaft, Zimt und Wasser in einem Topf bei mittlerer Hitze zu Sirup einkochen. Dabei gelegentlich umrühren.

Die Bananen zugeben, verrühren und bei geringer Hitze weitere 20–25 Minuten kochen. Gelegentlich umrühren.

Wenn die Mischung goldorange und cremig ist, den Topf vom Herd nehmen.

Den Ofen auf 170 °C (150 °C Umluft) vorheizen. Gläser und Deckel darin 10 Minuten sterilisieren.

Auf eine hitzebeständige Unterlage stellen und die Bananenmasse einfüllen. Die Gläser dicht verschließen und auf Raumtemperatur abkühlen lassen.

Ergibt zwei 500-g-Gläser | Vorbereitungszeit: 10–15 Minuten | Kochzeit: 30–35 Minuten

Haselnusscreme

ZUTATEN

450 g blanchierte Haselnüsse, angeröstet
200 g Puderzucker
1 Tütchen Vanillezucker
80 g Kakaopulver
100 ml Nussöl

ZUBEREITUNG

Die Haselnüsse in der Küchenmaschine fein mahlen.

Die Haselnüsse mit der Pulse-Funktion weitere 5 Minuten bearbeiten, bis die Mischung ölig wird. Nüsse vom Rand immer wieder nach unten schieben.

Puderzucker, Vanillezucker und Kakao zufügen und mithilfe der Pulse-Funktion vermengen.

In einem dünnen Strahl bei laufendem Motor der Küchenmaschine nur so viel Öl in die Mischung gießen und einarbeiten, bis sich eine streichfähige Konsistenz ergibt. Es wird dafür möglicherweise nicht das ganze Öl benötigt.

In ein sauberes Schraubglas füllen und dicht verschließen.

Bei Raumtemperatur lagern, damit die Mischung streichfähig bleibt. Bald verwenden.

Ergibt ein 500-g-Glas | Vorbereitungszeit: 10–15 Minuten | Zubereitungszeit: 10 Minuten

Erdbeer-Rhabarber-Konfitüre

ZUTATEN

700 g Erdbeeren, in Stücke geschnitten
250 g Rhabarber, geschält und
in Stücke geschnitten
550 ml Wasser
1 kg Zucker
1 EL Butter

ZUBEREITUNG

Den Ofen auf 170 °C (150 °C Umluft) vorheizen. Gläser und Deckel darin 10 Minuten sterilisieren.

Mehrere Untertassen in den Gefrierschrank stellen. Sie werden später für den Geliertest benötigt.

Erdbeeren, Rhabarber und Wasser in einem großen Topf bei mittlerer Hitze kochen, bis die Früchte weich sind. Dabei gelegentlich umrühren.

Den Zucker gründlich einrühren und den Topfrand freischaben.

Die Hitze reduzieren und die Mischung unter gelegentlichem Rühren 10–15 Minuten köcheln lassen, bis der Zucker sich vollständig aufgelöst hat.

Die Hitze verstärken und alles 10 Minuten sprudelnd kochen.

Den Topf vom Herd nehmen. Einen Teelöffel der heißen Mischung auf eine der eiskalten Untertassen geben. Wenn die Konfitüre abgekühlt ist, durch leichtes Anstoßen oder Schräghalten prüfen, ob sich eine Haut gebildet hat. Wenn dem so ist, ist die Konfitüre fertig. Falls nicht: Den Topf wieder auf den Herd setzen, die Fruchtmischung einige weitere Minuten kochen und den Geliertest wiederholen.

Ist die Mischung geliert, die Butter zugeben; weiterrühren, bis sie geschmolzen ist.

Die Konfitüre in die Gläser füllen, mit Wachspapier belegen und fest verschließen. Auf Raumtemperatur abkühlen lassen.

Ergibt zwei 500-g-Gläser | Vorbereitungszeit: 10 Minuten | Kochzeit: 30–35 Minuten

Melonen-Fruchtaufstrich

ZUTATEN

450 g Zucker
500 ml Wasser
Saft von 1 Limette
2 Vanillestangen, längs halbiert, ohne Samen
1 TL ganze Nelken
1 Cantaloupe-Melone, in Stücke geschnitten

ZUBEREITUNG

Zucker, Wasser, Limettensaft mit Vanillestangen und Nelken in einen großen Topf geben und bei mittlerer Hitze zu Sirup einkochen. Gelegentlich umrühren.

Die Melonenstücke zugeben und unterheben.

10 Minuten kochen, bis das Melonenfruchtfleisch so weich ist, dass man es zerdrücken kann.

Die Melonenstücke mit einem Schaumlöffel herausheben und in die Küchenmaschine geben. Fein pürieren, dann das Püree unter den Sirup rühren.

Den Ofen auf 170 °C (150 °C Umluft) vorheizen. Glas und Deckel darin 10 Minuten sterilisieren. Das Glas auf eine hitzebeständige Unterlage stellen, das Melonenmus hineinfüllen, mit Wachspapier belegen und das Glas fest verschließen. Auf Raumtemperatur abkühlen lassen.

Ergibt ein 500-g-Glas | Vorbereitungszeit: 10–15 Minuten | Kochzeit: 25–30 Minuten

Sauerkirschkonfitüre

ZUTATEN

450 g Schattenmorellen, entsteint
Saft von 2 großen Orangen
400 ml Wasser
450 g Zucker
1 EL Butter

ZUBEREITUNG

Den Ofen auf 170 °C (150 °C Umluft) vorheizen. Glas und Deckel darin 10 Minuten sterilisieren.

Mehrere Untertassen in den Gefrierschrank stellen. Sie werden später für den Geliertest benötigt.

Kirschen, Orangensaft und Wasser in einem großen Topf bei mittlerer Hitze kochen, bis die Früchte weich sind. Dabei gelegentlich umrühren.

Den Zucker gründlich einrühren und den Topfrand freischaben.

Die Hitze reduzieren und die Mischung unter gelegentlichem Rühren 10–15 Minuten köcheln lassen, bis der Zucker sich vollständig aufgelöst hat.

Die Hitze verstärken und alles 10 Minuten sprudelnd kochen.

Den Topf vom Herd nehmen. Einen Teelöffel der heißen Mischung auf eine der eiskalten Untertassen geben. Wenn die Konfitüre abgekühlt ist, durch leichtes Anstoßen oder Schräghalten prüfen, ob sich eine Haut gebildet hat. Wenn dem so ist, ist die Konfitüre fertig. Falls nicht: Den Topf wieder auf den Herd setzen, die Fruchtmischung einige weitere Minuten kochen und den Geliertest wiederholen.

Ist die Mischung geliert, die Butter zugeben; weiterrühren, bis sie geschmolzen ist.

Die Konfitüre in das Glas füllen, mit Wachspapier belegen und das Glas fest verschließen. Auf Raumtemperatur abkühlen lassen.

Ergibt ein 500-g-Glas | Vorbereitungszeit: 15–20 Minuten | Kochzeit: 30–35 Minuten

Kiwi-Pfirsich-Konfitüre

ZUTATEN

450 g Pfirsiche, entsteint und in Stücke geschnitten
450 g Kiwis, in Stücke geschnitten
550 ml Wasser
1 kg Zucker
1 EL Butter

ZUBEREITUNG

Den Ofen auf 170 °C (150 °C Umluft) vorheizen. Gläser und Deckel darin 10 Minuten sterilisieren.

Pfirsiche, Kiwis und Wasser in einem großen Topf bei mittlerer Hitze kochen, bis die Früchte weich sind. Dabei gelegentlich umrühren.

Den Zucker gründlich einrühren und den Topfrand freischaben.

Die Hitze reduzieren und die Mischung unter gelegentlichem Rühren 10–15 Minuten köcheln lassen, bis der Zucker sich vollständig aufgelöst hat.

Die Hitze verstärken und alles 4–5 Minuten sprudelnd kochen. Den Topf vom Herd nehmen und die Konfitüre 5 Minuten ruhen lassen. Dann die Butter einrühren und die Mischung mit einem Pürierstab zu Mus mit Stückchen verarbeiten.

In die Gläser füllen, mit Wachspapier belegen und die Gläser dicht verschließen.

Auf Raumtemperatur abkühlen lassen.

Ergibt zwei 500-g-Gläser | Vorbereitungszeit: 15–20 Minuten | Kochzeit: 25–30 Minuten

Chutneys

Paprika-Chutney

ZUTATEN

2 EL Olivenöl
1 große Zwiebel, sehr fein gewürfelt
250 ml Branntweinessig
225 g hellbrauner Zucker
je 2 grüne, rote und gelbe Paprika,
sehr fein gewürfelt
Salz und Pfeffer

ZUBEREITUNG

Das Olivenöl in einem großen Topf auf mittlerer Stufe erhitzen.

Die Zwiebelwürfel darin mit etwas Salz 4–5 Minuten dünsten, bis sie weich sind.

Essig und Zucker zugeben, verrühren und weiterkochen, bis der Zucker sich aufgelöst hat.

Die Paprikawürfel zufügen und bei schwacher Hitze 40–45 Minuten dünsten. Die Flüssigkeit sollte vollständig verdunstet und eine weiche Chutney-Mischung entstanden sein.

Das Chutney gelegentlich umrühren, während die Flüssigkeit verdampft.

Derweil den Ofen auf 170 °C (150 °C Umluft) vorheizen. Gläser und Deckel darin 10 Minuten sterilisieren.

Zum Schluss das Chutney mit Salz und Pfeffer abschmecken, in die Gläser füllen und fest verschließen.

Schmeckt warm oder kalt.

Ergibt ein bis zwei 500-g-Gläser | Vorbereitungszeit: 10–15 Minuten | Kochzeit: 50–55 Minuten

Aprikosen-Ingwer-Chutney

ZUTATEN

350 g Zucker
375 ml Branntweinessig
350 g getrocknete Aprikosen, halbiert
100 g Sultaninen
100 g ganze Mandeln, blanchiert
150 g frischer Ingwer, fein gerieben
3 Zwiebeln, fein gehackt
1 TL gemahlener Ingwer

ZUBEREITUNG

Zucker und Essig in einem Topf bei mittlerer Hitze kochen, dabei gelegentlich rühren, bis ein zäher Sirup entsteht.

Alle übrigen Zutaten einrühren und das Ganze 40–45 Minuten bei geringer Hitze dünsten, bis ein weiches Chutney entsteht.

Derweil den Ofen auf 170 °C (150 °C Umluft) vorheizen. Gläser und Deckel darin 10 Minuten sterilisieren.

Das fertige Chutney in die Gläser füllen, dicht verschließen und auf Raumtemperatur abkühlen lassen.

Ergibt ein bis zwei 500-g-Gläser | Vorbereitungszeit: 10–15 Minuten | Kochzeit: 50–55 Minuten

Chutney aus grünen Tomaten

ZUTATEN

50 ml Olivenöl
2 Zwiebeln, gehackt
900 grüne Tomaten, gehackt
250 g grüne Bohnen
100 g Rosinen
100 g feinster Zucker
einige Fäden Safran
150 ml Rotweinessig
Salz und Pfeffer

ZUBEREITUNG

Das Olivenöl auf mittlerer Stufe in einem Topf erhitzen.

Die Zwiebeln darin mit etwas Salz 5–6 Minuten dünsten, dabei gelegentlich rühren, bis sie weich und glasig sind.

Tomaten, Bohnen und Rosinen zufügen und weitere 5 Minuten dünsten. Ab und an umrühren.

Zucker und Safran darüberstreuen, vermengen, dann mit Essig ablöschen.

Das Ganze 15–20 Minuten köcheln lassen, bis die Flüssigkeit weitgehend verdunstet ist und die Mischung eine weiche Chutney-Konsistenz hat.

Derweil den Ofen auf 170 °C (150 °C Umluft) vorheizen. Gläser und Deckel darin 10 Minuten sterilisieren.

Das Chutney mit Salz und Pfeffer abschmecken und in die Gläser füllen. Dicht verschließen und auf Raumtemperatur abkühlen lassen.

Ergibt zwei 500-g-Gläser | Vorbereitungszeit: 10–15 Minuten | Kochzeit: 25–30 Minuten

Zwiebel-Chutney

ZUTATEN

50 g Butter
50 ml Olivenöl
900 g weiße Zwiebeln, in Ringe geschnitten
50 ml Weißweinessig
2 EL Zucker
Salz und Pfeffer

ZUBEREITUNG

Butter und Olivenöl in einem Topf auf mittlerer Stufe erhitzen.

Die Zwiebeln darin mit etwas Salz 15–20 Minuten dünsten, dabei gelegentlich umrühren.

Mit Weißweinessig ablöschen und mit einem Holzlöffel Rückstände vom Topfboden lösen.

Den Zucker zufügen und einrühren. Die Hitze reduzieren und weitere 20–25 Minuten garen, bis die Zwiebeln goldbraun sind.

Derweil den Ofen auf 170 °C (150 °C Umluft) vorheizen. Glas und Deckel darin 10 Minuten sterilisieren.

Das Chutney mit Salz und Pfeffer abschmecken, in das Glas füllen und auf Raumtemperatur abkühlen lassen. Schmeckt warm und kalt.

Ergibt ein 500-g-Glas | Vorbereitungszeit: 15 Minuten | Kochzeit: 35–45 Minuten

Mango-Curry-Chutney

ZUTATEN

2 EL Sonnenblumenöl
1 TL Kurkuma
1 TL gemahlener Koriander
1 TL Madras-Currypulver
1 rote Chili, entkernt und gehackt
75 ml Branntweinessig
100 g feinster Zucker
2 große Mangos, geschält, Fruchtfleisch vom Stein gelöst und gehackt
Salz und Pfeffer

ZUBEREITUNG

Das Sonnenblumenöl in einem Topf auf mittlerer Stufe erhitzen.

Die gemahlenen Gewürze und die Chili zufügen, 10 Sekunden rühren, dann mit Essig ablöschen.

Bevor der Essig verdunstet, den Zucker einrühren und die Mischung zu Sirup einkochen.

Mit den Mangos 40–45 Minuten bei geringer Hitze offen garen, bis zwei Drittel der Flüssigkeit verdunstet sind.

Derweil den Ofen auf 170 °C (150 °C Umluft) vorheizen. Glas und Deckel darin 10 Minuten sterilisieren.

Das Chutney mit Salz und Pfeffer abschmecken und mit dem Kartoffelstampfer die gewünschte Konsistenz herstellen.

Das abgekühlte Chutney ins Glas füllen; dicht verschließen.

Ergibt ein 500-g-Glas | Vorbereitungszeit: 10–15 Minuten | Kochzeit: 45–55 Minuten

Cranberry-Chutney

ZUTATEN

450 g frische Cranberrys
225 g feinster Zucker
250 ml Wasser
Zesten von 1 Orange
100 g Rosinen
einige frische Thymianblätter
einige Kümmelsamen zum Garnieren

ZUBEREITUNG

Cranberrys und Zucker in einem großen Topf vermengen und bei mittlerer Hitze kochen, bis die Früchte weich sind.

Wasser, Orangenzesten und Rosinen zugeben und weitere 25–30 Minuten garen, bis die Flüssigkeit auf die Hälfte eingekocht ist.

Derweil den Ofen auf 170 °C (150 °C Umluft) vorheizen. Gläser und Deckel darin 10 Minuten sterilisieren.

Die Hälfte der Thymianblätter einrühren und den Topf vom Herd nehmen.

Das Chutney in die Gläser füllen und auf Raumtemperatur abkühlen lassen. Dann dicht verschließen oder servieren.

Hierzu mit Thymianblättchen und Kümmelsamen bestreuen und Cracker dazu reichen.

Angebrochene Gläser abdecken und kühl lagern. Bald verwenden.

Ergibt ein bis zwei 500-g-Gläser | Vorbereitungszeit: 5–10 Minuten | Kochzeit: 35–40 Minuten

Tomaten-Chutney

ZUTATEN

50 ml Olivenöl
2 Zwiebeln, fein gehackt
900 g Strauchtomaten, gehackt
100 g Zucker
150 ml Branntweinessig
Salz und Pfeffer

ZUBEREITUNG

Das Olivenöl in einem Topf auf mittlerer Stufe erhitzen.

Die Zwiebeln darin mit etwas Salz 5–6 Minuten dünsten, dabei gelegentlich umrühren, bis sie weich und glasig werden.

Die Tomaten einrühren und 10 Minuten garen.

Zucker und Essig dazugeben und das Ganze 30–35 Minuten offen köcheln lassen, dabei ab und an umrühren, bis die Flüssigkeit weitgehend verdunstet ist und eine weiche Konsistenz entstanden ist.

Derweil den Ofen auf 170 °C (150 °C Umluft) vorheizen. Gläser und Deckel darin 10 Minuten sterilisieren.

Die Stückchen im Chutney im Mixer oder mit dem Pürierstab nach Belieben noch feiner zerkleinern. Mit Salz und Pfeffer abschmecken und in die Gläser füllen. Auf Raumtemperatur abkühlen lassen, dann dicht verschließen.

Ergibt ein bis zwei 500-g-Gläser | Vorbereitungszeit: 15 Minuten | Kochzeit: 45–55 Minuten

Dörrobst-Chutney

ZUTATEN

225 g Zucker
175 ml Weißweinessig
150 g getrocknete Aprikosen, halbiert
100 g Sultaninen
2 große Orangen, filetiert
50 g Walnusskerne, grob gehackt
1 TL rote Chiliflocken
Salz und Pfeffer

ZUBEREITUNG

Den Zucker in einem großen Topf auf geringer Stufe erhitzen, bis er sich auflöst und zu karamellisieren beginnt.

Den Essig zugießen und zu einer süß-sauren Sauce verquirlen.

Aprikosen, Sultaninen, Orangen, Walnüsse, Chiliflocken und etwas Salz und Pfeffer zugeben; alles gut vermengen.

Die Hitze reduzieren und die Mischung 15–20 Minuten köcheln lassen, bis die Flüssigkeit weitgehend verdunstet ist und eine weiche Chutney-Konsistenz entstanden ist.

Zum Schluss noch einmal abschmecken und in einen dekorativen Behälter füllen.

Auf Raumtemperatur abkühlen lassen. Innerhalb von 2–3 Tagen aufbrauchen.

Ergibt ein 500-g-Glas | Vorbereitungszeit: 10–15 Minuten | Kochzeit: 25–30 Minuten

Piccalilli

ZUTATEN

50 g Meersalz
1,2 l Wasser
1 kleiner Blumenkohl, in Röschen zerteilt
4 Karotten, klein gewürfelt
125 g Silberzwiebeln, abgetropft und grob zerkleinert
125 g Essiggurken, klein gewürfelt
1 EL Kurkuma
2 EL Mehl
50 g Senfpulver
225 g Zucker
900 ml Branntweinessig

ZUBEREITUNG

Das Salz im Wasser auflösen.

Blumenkohl, Karotten, Silberzwiebeln und Gurken in einer nicht metallenen Schüssel mit dem Salzwasser übergießen.

Das Gemüse muss gänzlich mit Wasser bedeckt sein. Die Schüssel abdecken und an einem kühlen Ort 24 Stunden stehen lassen.

Das Gemüse abgießen und unter fließend kaltem Wasser abspülen.

In einem großen Topf mit kochendem Wasser 2 Minuten blanchieren, dann wieder abgießen und in Eiswasser abschrecken.

Den Ofen auf 170 °C (150 °C Umluft) vorheizen. Gläser und Deckel darin 15 Minuten sterilisieren.

In einer Rührschüssel Kurkuma, Mehl, Senfpulver und Zucker vermengen, etwas Essig zugießen und zu einer Paste verarbeiten.

Den übrigen Essig einrühren, das Ganze in einen großen Topf gießen und unter ständigem Rühren aufkochen, dann die Hitze reduzieren und 10 Minuten köcheln lassen.

Die Gemüsemischung in die Flüssigkeit geben und den Topf vom Herd nehmen.

Die Mischung in die noch warmen Gläser füllen; dicht verschließen und auf Raumtemperatur abkühlen lassen.

Ergibt zwei bis drei 500-g-Gläser | Vorbereitungszeit: 20–25 Minuten | Kochzeit: 25–30 Minuten

Zucchini-Chutney

ZUTATEN

700 ml Olivenöl
2 Knoblauchzehen, zerdrückt
2 große Zucchini, in sehr dünne Scheiben geschnitten
Salz und Pfeffer

ZUBEREITUNG

Den Ofen auf 170 °C (150 °C Umluft) vorheizen. Gläser und Deckel darin 10 Minuten sterilisieren.

Öl und Knoblauch in einen großen Topf geben.

Auf geringer Stufe 10 Minuten erwärmen, dann zum Abkühlen beiseitestellen.

Die Zucchinischeiben nebeneinanderlegen und mit Salz und Pfeffer würzen.

30 Minuten ziehen lassen, dann mit Küchentüchern trocken tupfen.

Die Zucchini auf beide Gläser verteilen und mit Olivenöl übergießen, sodass sie gänzlich von Öl bedeckt sind.

Alles auf Raumtemperatur abkühlen lassen, dann die Gläser dicht verschließen.

Ergibt zwei 500-g-Gläser | Vorbereitungszeit: 10–15 Minuten | Kochzeit: 15 Minuten

Birnen-Chutney

ZUTATEN

100 g feinster Zucker
50 ml Branntweinessig
2 Zwiebeln, in Ringe geschnitten
6 Birnen, geschält und gewürfelt
100 g Rosinen
Salz
100 g Mandeln mit Haut, grob gehackt

ZUBEREITUNG

Zucker und Essig in einem großen Topf verrühren.

Bei geringer Hitze rühren, bis der Zucker sich aufgelöst hat.

Alle übrigen Zutaten bis auf die Mandeln zugeben und gründlich vermengen.

Mit aufgelegtem Deckel 15 Minuten garen, bis Birnen und Zwiebeln weich sind.

Derweil den Ofen auf 170 °C (150 °C Umluft) vorheizen. Gläser und Deckel darin 10 Minuten sterilisieren.

Die Mandeln ins Chutney rühren, dann alles in die Gläser füllen und sofort dicht verschließen.

Auf Raumtemperatur abkühlen lassen.

Ergibt zwei 500-g-Gläser | Vorbereitungszeit: 10–15 Minuten | Kochzeit: 15 Minuten

Aioli

ZUTATEN

2 Knoblauchzehen, zerdrückt
Salz und frisch gemahlener Pfeffer
2 Eigelb (Größe S)
1 TL Dijon-Senf
250 ml Olivenöl
1 EL Zitronensaft, zum Abschmecken
gehackte Petersilie, zum Garnieren

ZUBEREITUNG

Knoblauch mit Salz und Pfeffer in einer kleinen Rührschüssel vermengen.

In einer hohen Rührschüssel Eigelb und Senf zu einer homogenen Masse verrühren.

Das Öl in einem sehr dünnen Strahl unter ständigem Rühren zugießen, bis eine hellgelbe, dicke Creme entsteht.

Die Knoblauchmischung zugeben und mit Zitronensaft vorsichtig abschmecken.

In eine Servierschale füllen und bis zum Servieren gekühlt lagern.

Erst kurz vor dem Servieren mit Petersilie bestreuen.

Ergibt 4 Portionen | Vorbereitungszeit: 10 Minuten | Zubereitungszeit: 10 Minuten

Gelbes Tomaten-Chutney

ZUTATEN

50 ml Olivenöl
2 Zwiebeln, gehackt
1/2 TL Kurkuma
900 g gelbe Tomaten, gehackt
50 g Sultaninen
100 g feinster Zucker
150 ml Branntweinessig
Salz und Pfeffer

ZUBEREITUNG

Das Olivenöl in einem großen Topf auf mittlerer Stufe erhitzen.

Die Zwiebeln darin mit etwas Salz 5–6 Minuten dünsten, bis sie weich und glasig werden. Dabei gelegentlich umrühren.

Mit Kurkuma bestreuen und wenden.

Tomaten und Sultaninen zufügen und die Mischung zum Kochen bringen. 5 Minuten garen, dabei gelegentlich rühren.

Zucker und Essig zugeben und gründlich einrühren.

Das Ganze 15–20 Minuten offen garen, dabei ab und an rühren, bis die Flüssigkeit weitgehend verdampft und eine weiche Chutney-Konsistenz entstanden ist.

Derweil den Ofen auf 170 °C (150 °C Umluft) vorheizen. Gläser und Deckel darin 10 Minuten sterilisieren.

Das Chutney mit Salz und Pfeffer abschmecken und in die Gläser füllen. Auf Raumtemperatur abkühlen lassen, dann erst die Gläser dicht verschließen.

Ergibt zwei 500-g-Gläser | Vorbereitungszeit: 10–15 Minuten | Kochzeit: 25–30 Minuten

Pflaumen-Ingwer-Chutney

ZUTATEN

12 Pflaumen, entsteint, Fruchtfleisch grob gehackt
100 g frischer Ingwer, geschält und fein gerieben
1/2 Tütchen Vanillezucker
125 ml Wasser
225 g Zucker

ZUBEREITUNG

Den Ofen auf 170 °C (150 °C Umluft) vorheizen. Glas und Deckel darin 10 Minuten sterilisieren.

Pflaumen, Ingwer, Vanillezucker und Wasser in einem großen Topf bei mittlerer Hitze aufkochen und garen, bis die Früchte weich sind.

Den Zucker gründlich einrühren, dabei den Topfrand immer freischaben.

Die Hitze reduzieren und die Mischung offen weitere 25–30 Minuten garen, bis alles weich und eingedickt ist. Nach Belieben im Mixer oder mit dem Pürierstab weiter zerkleinern.

Das Chutney in das sterilisierte Glas füllen, mit Wachspapier belegen und dicht verschließen. Auf Raumtemperatur abkühlen lassen.

Ergibt ein 500-g-Glas | Vorbereitungszeit: 10–15 Minuten | Kochzeit: 30–35 Minuten

Marmeladen

Zitrus-Duo

ZUTATEN

6 große, unbehandelte Orangen
6 große, unbehandelte Zitronen
1 kg Zucker

ZUBEREITUNG

Von der Hälfte der Früchte mit einem Gemüseschäler die Schale entfernen und diese in schmale Streifen schneiden. Beiseitestellen.

Alle Früchte auspressen, den Saft in einem Messbecher sammeln. Fruchtfleisch und Kerne in ein Musselinsäckchen füllen und verschließen.

Den Saft mit Wasser auf 3,5 Liter auffüllen.

Saft mit Wasser, Zesten und das Musselinsäckchen in eine große Schüssel geben, abdecken und über Nacht ruhen lassen.

Am nächsten Tag den Ofen auf 170 °C (150 °C Umluft) vorheizen. Gläser und Deckel darin 10 Minuten sterilisieren.

Mehrere Untertassen in den Gefrierschrank stellen. Sie werden später für den Geliertest benötigt.

Die komplette Saftmischung in einen großen Topf gießen und bei mittlerer Hitze 40–45 Minuten offen kochen, bis die Zesten weich sind. Das Musselinsäckchen entfernen und zum Abkühlen beiseitelegen.

Den Zucker in den Topf rühren. Das Musselinsäckchen, sobald man es anfassen kann, über dem Topf gut ausdrücken.

Die Marmelade weitere 15 Minuten sprudelnd kochen, dann den Topf vom Herd nehmen. Einen Teelöffel der heißen Mischung auf eine der eiskalten Untertassen geben. Wenn die Marmelade abgekühlt ist, durch leichtes Anstoßen oder Schräghalten prüfen, ob sich eine Haut gebildet hat. Wenn dem so ist, ist die Marmelade fertig. Falls nicht: Den Topf wieder auf den Herd setzen, die Fruchtmischung noch einige Minuten aufkochen und den Geliertest wiederholen.

Die Marmelade in die Gläser füllen und sofort fest verschließen. Auf Raumtemperatur abkühlen lassen.

Ergibt vier 500-g-Gläser | Vorbereitungszeit: 15–20 Minuten | Kochzeit: 70 Minuten

Zitronenmarmelade

ZUTATEN

12 große, unbehandelte Zitronen
500 g Zucker

ZUBEREITUNG

Von der Hälfte der Zitronen mit einem Gemüseschäler die Schale entfernen und diese in schmale Streifen schneiden. Beiseitestellen.

Alle Zitronen auspressen, den Saft in einem Messbecher sammeln. Fruchtfleisch und Kerne in ein Musselinsäckchen füllen und verschließen.

Den Saft mit Wasser auf 1,7 Liter auffüllen.

Saft mit Wasser, Zesten und das Musselinsäckchen in eine große Schüssel geben, abdecken und über Nacht ruhen lassen.

Am nächsten Tag den Ofen auf 170 °C (150 °C Umluft) vorheizen. Gläser und Deckel darin 10 Minuten sterilisieren.

Mehrere Untertassen in den Gefrierschrank stellen. Sie werden später für den Geliertest benötigt.

Die komplette Saftmischung in einen großen Topf gießen und bei mittlerer Hitze 30–35 Minuten offen kochen, bis die Zesten weich sind. Das Musselinsäckchen entfernen und zum Abkühlen beiseitelegen.

Den Zucker in den Topf rühren. Das Musselinsäckchen, sobald man es anfassen kann, über dem Topf gut ausdrücken.

Die Marmelade weitere 10–12 Minuten sprudelnd kochen, dann den Topf vom Herd nehmen. Einen Teelöffel der heißen Mischung auf eine der eiskalten Untertassen geben. Wenn die Marmelade abgekühlt ist, durch leichtes Anstoßen oder Schräghalten prüfen, ob sich eine Haut gebildet hat. Wenn dem so ist, ist die Marmelade fertig. Falls nicht: Den Topf wieder auf den Herd setzen, die Marmelade noch 3–4 Minuten aufkochen und den Geliertest wiederholen.

Die Marmelade in die Gläser füllen und sofort fest verschließen. Auf Raumtemperatur abkühlen lassen.

Ergibt zwei 500-g-Gläser | Vorbereitungszeit: 10 Minuten | Kochzeit: 50–55 Minuten

Limettenmarmelade

ZUTATEN

16 große, unbehandelte Limetten
500 g Zucker

ZUBEREITUNG

Von der Hälfte der Limetten mit einem Gemüseschäler die Schale entfernen und diese in schmale Streifen schneiden. Beiseitestellen.

Alle Limetten auspressen, den Saft in einem Messbecher sammeln. Fruchtfleisch und Kerne in ein Musselinsäckchen füllen und verschließen.

Den Saft mit Wasser auf 1,7 Liter auffüllen.

Saft mit Wasser, Zesten und das Musselinsäckchen in eine große Schüssel geben, abdecken und über Nacht ruhen lassen.

Am nächsten Tag den Ofen auf 170 °C (150 °C Umluft) vorheizen. Gläser und Deckel darin 10 Minuten sterilisieren.

Mehrere Untertassen in den Gefrierschrank stellen. Sie werden später für den Geliertest benötigt.

Die komplette Saftmischung in einen großen Topf gießen und bei mittlerer Hitze 30–35 Minuten offen kochen, bis die Zesten weich sind. Das Musselinsäckchen entfernen und zum Abkühlen beiseitelegen.

Den Zucker in den Topf rühren. Das Musselinsäckchen, sobald man es anfassen kann, über dem Topf gut ausdrücken.

Die Marmelade weitere 10–12 Minuten sprudelnd kochen, dann den Topf vom Herd nehmen. Einen Teelöffel der heißen Mischung auf eine der eiskalten Untertassen geben. Wenn die Marmelade abgekühlt ist, durch leichtes Anstoßen oder Schräghalten prüfen, ob sich eine Haut gebildet hat. Wenn dem so ist, ist die Marmelade fertig. Falls nicht: Den Topf wieder auf den Herd setzen, die Marmelade noch 3–4 Minuten aufkochen und den Geliertest wiederholen.

Die Marmelade in die Gläser füllen und sofort fest verschließen. Auf Raumtemperatur abkühlen lassen.

Ergibt zwei 500-g-Gläser | Vorbereitungszeit: 10 Minuten | Kochzeit: 50–55 Minuten

Ingwer-Orangen-Marmelade

ZUTATEN

10 große, unbehandelte Bitterorangen
1 kg Zucker
200 g frischer Ingwer, fein gerieben

ZUBEREITUNG

Von der Hälfte der Orangen mit einem Gemüseschäler die Schale entfernen und diese in schmale Streifen schneiden. Beiseitestellen.

Alle Früchte auspressen, den Saft in einem Messbecher sammeln. Fruchtfleisch und Kerne in ein Musselinsäckchen füllen und verschließen.

Den Saft mit Wasser auf 3,4 Liter auffüllen.

Saft mit Wasser, Zesten und das Musselinsäckchen in eine große Schüssel geben, abdecken und über Nacht ruhen lassen.

Am nächsten Tag den Ofen auf 170 °C (150 °C Umluft) vorheizen. Gläser und Deckel darin 10 Minuten sterilisieren.

Mehrere Untertassen in den Gefrierschrank stellen. Sie werden später für den Geliertest benötigt.

Die komplette Saftmischung und den Ingwer in einen großen Topf geben und bei mittlerer Hitze 40–45 Minuten offen kochen, bis die Zesten weich sind. Das Musselinsäckchen entfernen und zum Abkühlen beiseitelegen.

Den Zucker in den Topf rühren. Das Musselinsäckchen, sobald man es anfassen kann, über dem Topf gut ausdrücken.

Die Marmelade weitere 15 Minuten sprudelnd kochen, dann den Topf vom Herd nehmen. Einen Teelöffel der heißen Mischung auf eine der eiskalten Untertassen geben. Wenn die Marmelade abgekühlt ist, durch leichtes Anstoßen oder Schräghalten prüfen, ob sich eine Haut gebildet hat. Wenn dem so ist, ist die Marmelade fertig. Falls nicht: Den Topf wieder auf den Herd setzen, die Fruchtmischung noch 3–4 Minuten aufkochen und den Geliertest wiederholen.

Die Marmelade in die Gläser füllen und sofort fest verschließen. Auf Raumtemperatur abkühlen lassen.

Ergibt vier 500-g-Gläser | Vorbereitungszeit: 15–20 Minuten | Kochzeit: 70 Minuten

Orangenmarmelade

ZUTATEN

10 große, unbehandelte Bitterorangen
750 g Zucker
50 g Honig

ZUBEREITUNG

Zwei Orangen in dünne Scheiben schneiden und beiseitestellen.

Die übrigen Früchte auspressen, den Saft in einem Messbecher sammeln. Fruchtfleisch und Kerne in ein Musselinsäckchen füllen und verschließen.

Den Saft mit Wasser auf 3,4 Liter auffüllen.

Saft mit Wasser, die Orangenscheiben und das Musselinsäckchen in eine große Schüssel geben, abdecken und über Nacht ruhen lassen.

Am nächsten Tag den Ofen auf 170 °C (150 °C Umluft) vorheizen. Gläser und Deckel darin 10 Minuten sterilisieren.

Mehrere Untertassen in den Gefrierschrank stellen. Sie werden später für den Geliertest benötigt.

Die komplette Saftmischung in einen großen Topf gießen und bei mittlerer Hitze 40–45 Minuten offen kochen, bis die Orangenscheiben weich sind. Das Musselinsäckchen entfernen und zum Abkühlen beiseitelegen.

Zucker und Honig in den Topf rühren. Das Musselinsäckchen, sobald man es anfassen kann, über dem Topf gut ausdrücken.

Die Marmelade weitere 15 Minuten sprudelnd kochen, dann den Topf vom Herd nehmen. Einen Teelöffel der heißen Mischung auf eine der eiskalten Untertassen geben. Wenn die Marmelade abgekühlt ist, durch leichtes Anstoßen oder Schräghalten prüfen, ob sich eine Haut gebildet hat. Wenn dem so ist, ist die Marmelade fertig. Falls nicht: Den Topf wieder auf den Herd setzen, die Marmelade noch 3–4 Minuten aufkochen und den Geliertest wiederholen.

Die Marmelade in die Gläser füllen und sofort fest verschließen. Auf Raumtemperatur abkühlen lassen.

Ergibt vier 500-g-Gläser | Vorbereitungszeit: 15–20 Minuten | Kochzeit: 75 Minuten

Marmelade mit Lavendel

ZUTATEN

10 große, unbehandelte Bitterorangen
10 Lavendelblütenrispen
750 g Zucker

ZUBEREITUNG

Die Orangen mit einem Zestenreißer dünn schälen. Die Schale in dünne Streifen schneiden. Die Orangen halbieren und auspressen. Den Saft in einen Messbecher gießen. Fruchtfleisch und Kerne in ein Musselinsäckchen füllen und dieses verschließen. Sechs Lavendelblütenrispen mit 250 ml kochendem Wasser übergießen und ziehen lassen. Sobald die Flüssigkeit abgekühlt ist, die Lavendelblüten abseihen.

Lavendelwasser, Orangensaft und -zesten sowie das Musselinsäckchen in eine große Schüssel geben, mit kaltem Wasser auf 3,4 Liter auffüllen, abdecken und über Nacht ruhen lassen.

Am nächsten Tag den Ofen auf 170 °C (150 °C Umluft) vorheizen. Gläser und Deckel darin 10 Minuten sterilisieren.

Mehrere Untertassen in den Gefrierschrank stellen. Sie werden später für den Geliertest benötigt.

Die komplette Saftmischung in einen großen Topf gießen und bei mittlerer Hitze 40–45 Minuten offen kochen, bis die Orangenzesten weich sind. Das Musselinsäckchen entfernen und zum Abkühlen beiseitelegen.

Den Zucker in den Topf rühren. Das Musselinsäckchen, sobald man es anfassen kann, über dem Topf gut ausdrücken.

Die Marmelade weitere 15 Minuten sprudelnd kochen, dann den Topf vom Herd nehmen. Einen Teelöffel der heißen Mischung auf eine der eiskalten Untertassen geben. Wenn die Marmelade abgekühlt ist, durch leichtes Anstoßen oder Schräghalten prüfen, ob sich eine Haut gebildet hat. Wenn dem so ist, ist die Marmelade fertig. Falls nicht: Den Topf wieder auf den Herd setzen, die Fruchtmischung weitere 3–4 Minuten kochen und den Geliertest wiederholen.

Die Marmelade in die Gläser füllen und auf jedes Glas eine Lavendelblütenrispe legen. Die Gläser sofort fest verschließen. Auf Raumtemperatur abkühlen lassen.

Ergibt vier 500-g-Gläser | Vorbereitungszeit: 15–20 Minuten | Kochzeit: 75 Minuten

Pickles

Eingelegte Pilze

ZUTATEN

1 EL Pökelsalz
100 g feinster Zucker
900 ml Branntweinessig
4 Lorbeerblätter
1 EL schwarze Pfefferkörner
450 g kleine weiße Champignons
450 g kleine braune Champignons
100 g Shiitake, in Scheiben geschnitten

ZUBEREITUNG

Den Ofen auf 170 °C (150 °C Umluft) vorheizen. Ein großes Einmachglas mit Deckel darin 10 Minuten sterilisieren.

Salz und Zucker mit dem Essig in einem großen Topf verrühren, bei mittlerer Hitze aufkochen und mit Lorbeerblättern und Pfefferkörnern 5 Minuten köcheln lassen.

Den Topf vom Herd nehmen und alle Pilze einrühren.

Pilze und Sud in das Einmachglas schöpfen, dicht verschließen. Käseleinen oder dichtes Musselin darüberlegen und mit Bindfaden fixieren.

Auf Raumtemperatur abkühlen lassen.

Ergibt ein 1-kg-Glas | Vorbereitungszeit: 10 Minuten | Kochzeit: 10 Minuten

Eingelegte Auberginen

ZUTATEN

50 ml Olivenöl
2 Zwiebeln
1 Knoblauchzehe
1–2 TL rotes Chilipulver
(nach Geschmack)
2 TL Paprikapulver
450 g Strauchtomaten, gehackt
2 rote Paprika, klein gewürfelt
1 große Aubergine, klein gewürfelt
100 g Zucker
75 ml Branntweinessig
Salz und Pfeffer

ZUBEREITUNG

Das Olivenöl in einem großen Topf auf mittlerer Stufe erhitzen.

Zwiebeln und Knoblauch darin 6–7 Minuten dünsten, dabei häufig umrühren, bis die Zwiebeln weich und glasig werden.

Chili- und Paprikapulver zufügen, gut unterheben, dann alle übrigen Zutaten zugeben.

Mit geschlossenem Deckel 50–60 Minuten bei geringer Hitze garen, bis die Mischung zu Mus zerfällt.

Derweil den Ofen auf 170 °C (150 °C Umluft) vorheizen. SchraubGläser und Deckel darin 10 Minuten sterilisieren.

Die Auberginenmus mit Salz und Pfeffer abschmecken, in die Gläser füllen und sofort verschließen. Auf Raumtemperatur abkühlen lassen.

Ergibt zwei 500-g-Gläser | Vorbereitungszeit: 15 Minuten | Kochzeit: 70 Minuten

Eingelegter Rotkohl

ZUTATEN

2 kleine Rotkohlköpfe, geraspelt
2 EL Zucker
2 EL Salz
1,25–2 l Branntweinessig

ZUBEREITUNG

Den Rotkohl in eine große Schüssel füllen, mit Zucker und Salz bestreuen, vermengen und abgedeckt über Nacht stehen lassen.

Am nächsten Tag abgießen und mit Küchenpapier trocken tupfen.

Den Ofen auf 170 °C (150 °C Umluft) vorheizen. Gläser und Deckel darin 10 Minuten sterilisieren.

Den Rotkohl dicht in die Gläser füllen, mit Essig aufgießen und die Gläser verschließen.

Etwa 2 Wochen ziehen lassen.

Ergibt drei bis vier 500-g-Gläser | Vorbereitungszeit: 30 Minuten | Zubereitungszeit: 30 Minuten

Eingelegte Karotten

ZUTATEN

750 ml Rotweinessig
1 TL schwarze Pfefferkörner
3 Lorbeerblätter
2 TL Meersalz
500 g Karotten, in Scheiben geschnitten

ZUBEREITUNG

Den Ofen auf 170 °C (150 °C Umluft) vorheizen. Gläser und Deckel darin 10 Minuten sterilisieren.

Essig, Pfefferkörner, Lorbeerblätter und Salz in einem großen Topf mischen. Auf mittlerer Stufe erhitzen und rühren, bis das Salz sich aufgelöst hat.

Vom Herd nehmen und abkühlen lassen.

Die rohen Karottenscheiben auf die Gläser verteilen und mit dem Essigsud auffüllen.

Die Gläser dicht verschließen. Auf Raumtemperatur abkühlen und 1–2 Wochen ziehen lassen.

Ergibt zwei 500-g-Gläser | Vorbereitungszeit: 10–15 Minuten | Kochzeit: 5–10 Minuten

Sardellen mit Salbei

ZUTATEN

600 g frische Sardellenfilets
Salz
2 Zitronen
eine Handvoll Salbeiblätter
900 ml Olivenöl

ZUBEREITUNG

Die Sardellen mit der Bauchseite nach oben nebeneinander auf eine Platte legen. Kräftig salzen, abdecken und 2 Stunden in den Kühlschrank stellen.

Die Sardellen unter fließend kaltem Wasser abspülen. Mit Küchenpapier trocken tupfen und beiseitestellen.

Den Ofen auf 170 °C (150 °C Umluft) vorheizen. Gläser und Deckel darin 10 Minuten sterilisieren.

Mit einem Gemüseschäler von beiden Zitronen breite Streifen Schale abziehen. Die Schale auf beide Gläser verteilen, dann Salbeiblätter und Sardellen darauf schichten. Mit Öl übergießen, bis alles bedeckt ist.

Die Gläser dicht verschließen und an einem dunklen, kühlen Ort 2–3 Wochen marinieren.

Ergibt zwei 500-g-Gläser | Vorbereitungszeit: 10–15 Minuten | Zubereitungszeit: 10 Minuten

Eingelegter Knoblauch

ZUTATEN

2 große Knoblauchknollen
je 2 rote, 2 orangefarbene und 2 gelbe Chilis
2 Zweige Rosmarin
6 Zweige Thymian
750 ml Olivenöl

ZUBEREITUNG

Den Ofen auf 170 °C (150 °C Umluft) vorheizen. Gläser und Deckel darin 10 Minuten sterilisieren.

Die beiden Knollen in einzelne Zehen teilen und auf beide Gläser verteilen. Die Chilis ebenfalls aufteilen, je eine pro Farbe ins Glas.

Den Rosmarin in das eine, den Thymian in das andere Glas geben.

Mit Olivenöl aufgießen, bis alles bedeckt ist und die Gläser dicht verschließen.

2–3 Wochen marinieren, dann den Knoblauch zum Kochen verwenden.

Ergibt zwei 500-g-Gläser | Vorbereitungszeit: 5–10 Minuten | Zubereitungszeit: 10 Minuten

REZEPTREGISTER